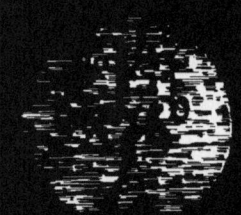

LES
Postiers
de
L'AN VI

Valence — Impr. Galland

Les Postiers
DE L'AN VI

※

La mode étant aux autographes révolutionnaires, nous sommes heureux de mettre sous les yeux de nos lecteurs la correspondance inédite de huit commis des postes aux armées, nés dans l'arrondissement de Privas ou sur ses confins, qui se trouvèrent réunis à Milan dans l'hôtel même de Bonaparte, et qui, voyant passer toutes les dépêches, étaient les premier informés des événements.

C'étaient MM. *Monicault* ou plus exactement de Monicault, originaire de Valence, dont le neveu fut longtemps directeur des Postes de l'Ardèche.

Villardeau, cousin du précédent, aussi Valentinois. Un de ses descendants fut, si nous ne nous trompons, sous-intendant militaire.

Robert, *Valantin*, des environs de Lavoulte.

Murat, *Michallet*, dont nous ignorons le lieu de naissance, mais dont les noms et le style fleurent le Vivarais.

Michoud, de Ste-Colombe-lès-Vienne, le réjoui et aussi l'audacieux de la bande.

Désiré Molière du Bourg, de Lavoulte, d'une très ancienne famille de ce pays. Et un second *Molière*, cousin du précédent qui, réuni d'abord aux sept autres à Milan, fut ensuite nommé inspecteur des postes à l'armée de Suisse et eut l'idée de conserver les correspondances nées de cette séparation.

C'est à l'obligeance de M. Jules Molière, son descendant, que je dois la présente communication.

L. B.

La correspondance s'emplace du 4 germinal an VI (25 Mars 1798)) au 27 pluviôse an X (17 février 1802).

Elle débute avec l'occupation de l'Italie par Bonaparte. La république Cisalpine s'organise à l'ombre des lauriers d'Arcole et de Rivoli. Le traité de Campo-Formio à peine signé, on prépare déjà l'expédition d'Egypte, cependant que Gênes et le Piémont s'agitent sur nos derrières.

Enthousiasme révolutionnaire, sens pratique et même arriviste, aventures d'amour qui attiédissent fort la reconnaissance italienne, corruption, désordre financier, revers effroyables, succès inespérés, Naples, Gênes, Marengo, ces prémiers chants de la moderne Iliade, passeront en raccourci dans ces pages vécues.

Avant la correspondance proprement dite, nous trouvons l'état des bons d'appointements des quatre derniers mois, emporté par Molière, alors caissier, pour mémoire et justification de sa gestion.

Nous y voyons que le service des postes de Milan comprenait en Frimaire :

Un garçon à 25 francs par mois ;
Deux à 40 ;
Cinquante-deux courriers à 50 ;
Un commis à 75 ;
Douze à 100 ;
Seize à 125 (parmi lesquels Molière) ;
Trois à 150 (dont Villardeau) ;
Un à 250 (Michallet, sans doute inspecteur) ;
Un à 300 (Monicault, chef de service).

En Nivôse, Pluviose et Ventôse, ce personel tombe brusquement de quatre-vingt-douze personnes à dix-sept. La guerre paraît finie ; les généraux retournent à Paris et l'on dissout les états-majors.

Nommé inspecteur des postes à l'armée de Suisse, Molière passe la caisse au citoyen Faveret et dit adieu à ses amis.

Chacun lui écrira à son tour.

Le premier sera son camarade de chambre Murat.

Milan, le 13 germinal an 6.

Te voilà bien avant dans la Suisse, mon cher Mollière. Ce jourd'hui est le dixième que tu manques. Avec le caractère dont tu es doué, tu ne peux manquer d'être heureux et de porter le bonheur partout où tu te trouves ; nous au contraire ne trouverons jamais à te remplacer. C'est ce qu'on se répète ici tous les jours.

Valentin vient d'arriver avec Michallet gros, gras et frais. L'expédition (1) n'aura lieu que dans un mois et Guischard est à Gênes ne faisant d'autre service que celui qui lui est familier.

Il est inutile de te donner des nouvelles de Michoud qui, rebondi d'une graisse monacale, n'a d'autre peine que de manquer de son complice de billard.

La coquine de fièvre s'est réemparée du papa Monicault.

Quelle démangeaison je me sens de te mettre sur le train de nos amours !

Moins heureux que toi, je n'en ai pas été moins entreprenant.

Rien ne s'est passé encore et ce n'est point surprenant. Une première intrigue, un camarade de chambre de qui l'on veut se cacher de peur qu'il ne vous supplante : une mère attentive et les yeux toujours étincellants de colère, que d'ennemis à vaincre ! A voir l'air hagard de la maudite vieille, sa promptitude à fermer sa fenêtre lorsque je m'approche de la mienne, je me suis fourré dans la tête que tu avais été aperçu, et je crois fort que pour ôter à ces demoiselles l'envie d'aimer les hommes, on leur administre

---

(1) D'Egypte.

chaque soir la fustigation maternelle. — Par deux soirs, à peine le volet fermé, j'ai entendu des pleurs et des cris et une voix déchirante criailler « per questo bel muscadino ». Tout cela ne me met point à mon aise.

Dimanche cependant un billet a été lancé de ma fenêtre et je n'en ai obtenu la réponse que lundi. J'attends avec impatience le lever de l'aurore qui m'apportera, j'espère, la riposte à une insinuation de ce matin au Mercure Balayeur.

Je t'envoie ton dictionnaire qui vient de me servir à la rédaction d'une épître italienne, — c'est du moins mon intention.

Notre Criquet (1) va toujours à merveille.

C'est bien assez t'entretenir de bagatelles. Je m'en lasse moi-même. Que sera-ce pour celui qui est condamné à les lire.

Adieu, je t'embrasse.

Amitié et reconnaissance.

MURAT.

Milan, le 15 germinal an 6

J'espère, mon cher ami, que quel que soit l'ordre de Monicault, tu ne suivras pas à Toulon les troupes qui embarqueront pour le Portugal (l'Egypte). Je t'ai adressé tes chemises dans le paquet pour Berne. Prends tes dispositions pour qu'elles te soient renvoyées.

Rien de nouveau à Milan. La Cisalpine ne paye pas. On attend Haller avec impatience.

Brune est arrivé (de Suisse). Berthier part demain soir pour Paris.

Ta belle voisine cherche à se consoler. Murat te succède en amours. La première pièce de la correspondance est assez curieuse.

Amitiés.

MICHOUD.

---

(1) Cheval.

Finances Cisalpines

Milan, le 30 germinal an 6.

Je ne me presserai pas d'échanger ta lettre (de change). La Cisalpine doit payer le 10 floréal. Patience !

Moscati et Paradisi viennent de donner leur démission de directeurs. Ils sont remplacés par Testi, ministre des relations extérieures, et Lamberti, ministre de l'intérieur, qui ont été nommés par Brune.

Ranja et quatre journalistes viennent d'être fermés au château ; de ce nombre l'auteur du « Senza titolo ».

Sache ce que se vendrait l'once des chaines de Venise ; nous pourrions faire quelque affaire.

C'est sur l'Egypte que sont dirigées nos expéditions maritimes. Secret. Quels sont les députés de notre département et de l'Isère ?

Amitiés. MICHOUD.

P. S. — La voisine est mariée ! !

Milan, le 7 floréal, an 6.

Je suis un peu paresseux, mon cher Molière, à vous écrire, mais je me trouve tout seul ici et surchargé d'affaires. Je viens de recevoir la totalité de votre ordonnance d'Auxonne (Molière y était six mois avant). Je voulais remettre le tout à Michoud qui m'a dit qu'il n'avait pas d'ordre.

Comme je vais faire sous peu un petit voyage, je voudrais me débarrasser de tous les dépôts. Ainsi chargé-moi de remettre à Michoud ce que j'ai à vous, dont il me donnera un reçu pour ma décharge.

Il m'est impossible de pouvoir obtenir l'ordonnance (de l'arriéré).

Villemeury n'ordonnance plus rien du tout et il m'a été impossible de me faire ordonnancer pour moi.
Amitiés. VILLARDEAU.

Milan, le 24 Floréal an 6.

J'ay reçu, mon cher ami, tes deux lettres des 10 et 12 courant, ainsi que ton ordonnance de 3444 l. tournois. Elle arrive dans le mauvais temps, et tu ne peux espérer que des obligations de la Cisalpine à cinq ou six ans de date. Je ne me presserai pas de recevoir de cette monnoie.

Si je puis te la négocier d'une manière plus avantageuse, tu dois compter sur l'empressement que je mettrai à t'être utile.

Les événements de Vienne et l'arrivée d'une armée sur le territoire vénitien viennent de nécessiter des opérations de finance qui retarderont de trois ou quatre mois le payement des lettres de change. Elles perdent plus de trente pour cent. Il faut de la patience.

Compte sur moi, et ne sois pas inquiet.

La soif de l'or ronge les petites âmes et détruit chez elles toute espèce de sentiment. On porte envie aux affaires que tu as faites. Tu me comprends.
Amitiés. MICHOUD.

1er Prairial, an 6.

Le payement des lettres de change échues continue à être suspendu. Aubernon et Brune se mêlent des finances ; la barque ne peut que naufrager. Au surplus ne sois pas inquiet ; quels que soient les événements, la république française ne souffrira pas que la Cisalpine, sa fille, fasse banqueroute de si bonne heure. MICHOUD.

17 Prairial, an 6.

... Je te félicite d'avoir quitté pour toujours la partie, en renonçant à la place qu'on t'offrait à Toulon.

Heureux l'homme qui vit du lait de ses brebis, tranquille dans son village !

.... M. Monicault est parti pour Paris.

MICHOUD.

Milan, le 17 Prairial, an 6.

Serait-il vrai, mon cher Molière, que nous n'aurons plus le bonheur de te posséder à l'armée d'Italie ? ...

... Passons en revue les amis. Michoud, l'invulnérable Michoud, vient d'être attaqué de la fièvre, mais il en a été quitte pour deux accès, et Nassoni (médecin) assure l'avoir chassée pour jamais. Il ne réussit pas aussi bien sur mon incurable personne.

A l'exception de M. Y..., qui a des .... tout notre état-major se porte bien.

M. Monicault est parti pour Paris et passera à son retour à Valence.

.. Tu me demandes des nouvelles des petites. Va, mon bon ami, je ne suis pas plus heureux en amour qu'en toute autre chose. M. Franchi (mon voisin) m'a remonté par son escalier à la seconde visite que j'ai rendue à son épouse infortunée. La pauvre malheureuse en a été pour des coups qui l'ont alitée et pour une gêne étroite qui lui interdit l'usage de la seule fenêtre qui donne sur la mienne, et moi pour la peur de quelque vengeance italienne.

Rien d'aussi plaisant que le vacarme qu'a fait, dans le voisinage, l'affaire de ce pauvre c... J'ai été épié, guetté. Notre vieux « estallière » (garçon d'écurie) a été mis à la porte. Il est à croire que les rieurs ne sont pas pour le mari. Il m'en reste un nom dans le quartier.

Je me console de la perte que m'a fait éprouver cet impertinent c...... en faisant quelques courses sur le criquet de mon bon Mollière qui est toujours aussi pétulant........

Adieu, mon cher Mo'lière, ménage moi ton amitié.
MURAT.

Milan, 30 Prairial, an 6.
J'ai reçu avec bien du plaisir, mon cher Molière, de tes nouvelles. L'espoir que tu voudras bien te ressouvenir de moi, et l'idée que tu es plus content dans ta famille qu'à l'armée me console de t'avoir perdu pour camarade........

Les postes sont affermées, comme tu l'auras pu scavoir, à commencer du 1er Messidor. Nous ne scavons pas encore ce que nous deviendrons. Faisons-nous partie des Postes civiles ? Les fermiers nous conserveront-ils ? C'est ce que nous ignorons.

Monicault est parti pour Paris, il y a dix jours, et doit revenir dans un mois ou deux.

Il n'est plus possible de recevoir un sol. J'arrive, il y a 85 jours, de Rome et ne suis pas encore payé de mes frais de route, pas même de ceux de mon voyage à Grenoble.

Il nous arrive tous les jours de Suisse des troupes superbes tant d'infanterie que de cavalerie. Qu'en veut-on faire ?

Adieu. Porte toi bien et sois sûr de l'amitié que je t'ai vouée.
MICHALLET.

Milan, 1er Messidor, an 6.
... Les moyens de payement deviennent chaque jour plus rares. Les obligations sur la Cisalpine sont épuisées. Je ne sais plus avec quelles ressources on pourra te payer...
MICHOUD.

St-Pierre-d'Arena, 6 Messidor, an 6.
... Je t'ai annoncé par ma dernière lettre l'intention

où j'étais d'attendre le retour du Citoyen Monicault pour demander un congel. Je m'en félicite d'autant plus que, bientôt, il faudra acheter les places lorsqu'on en voudra, tellement la corruption et l'avarice sont à l'ordre du jour parmi les chefs....

.. La nouvelle s'est répandue ici que nous avons pris l'Île de Malte..

Bien des choses à Foncreuse et à M. D'Auteville.

VALANTIN.

... Vous me demandez des nouvelles de Faveret : il est maintenant avec les fièvres qui le minent. Il se refuse absolument tout. il est toujours le même : il veut vous faire une retenue. je ne sais pourquoi.....

Il prend toujours les 9 livres sur les passages (passeports). mais on l'attrape très souvent, surtout maintenant qu'il est malade. Il aura encore gagné une 40.000 mille livres.

VILLARDEAU.

Je suis en mission près le gouvernement de Turin, mon cher ami ; notre conquête de Malthe va nous fournir de nouvelles ressources : nous nous emparons de tous les biens de cet ordre situés dans les pays où la puissance de nos armes nous rend respectables. Je suis chargé de traiter d'une manière un peu prompte : tu sais que j'agis assez cavalièrement, cela me réussit toujours. Il est probable que je serai nommé agent en chef de tous les domaines d'Italie : je laisserai un préposé en Piémont, et me rendrai sous une décade, à Milan, pour qu'on ne m'y souffle pas une place que je sais qu'on m'y destine, et que je considère comme bien acquise.

J'espère que cette circonstance me facilitera le moyen de placer ton ordonnance d'une manière plus avantageuse que sur des obligations à quatre années..

Je te félicite de l'état d'indépendance dans lequel tu

te trouves ; saches en savourer les douceurs...... Le commerce est aujourd'hui la seule carrière qui présente des ressources avantageuses, les capitaux doivent facilement rendre vingt pour cent cette année.

La direction vient de faire cesser les hostilités entre le Piémont et les Génois, le roi de Turin sera maintenu au moyen de la cession de sa citadelle. Nos troupes y sont entrées le quinze au matin au nombre de trois mille hommes ; c'est un spectacle tout plaisant de voir flotter l'étendard tricolore sur les armoiries de la maison de Sardaigne. Les insurgés et les jacobins ont le nez un peu long.

Il nous arrive chaque jour de nouvelles troupes en Italie. L'armée est dans l'instant aussi forte que sous Bonaparte ; il y a beaucoup de secret dans le cabinet de Paris, on ne croit pas à la guerre, il est probable qu'on se dispose à embarquer de nouvelles troupes et faire partir un second convoi pour l'Egypte.

Le temps où je rentrerai en France me parait fort incertain...

Michoud.

24 thermidor, an 6.

... J'ai placé ton ordonnance à deux tiers de perte, et je regarde cela comme une excellente affaire...

La nomination du citoyen Haller à l'ambassade de la République Helvétique près la Cisalpine me fournit une belle occasion de me retirer des affaires, je ne la laisserai pas échapper. Je me flatte sous peu de t'annoncer ma sortie de galère.

Michoud.

Milan, le 28 Vendémiaire, an VII.

... Jusqu'à ce moment ici on n'a pas encore fait beaucoup de réformes. Nous sommes dans une grande détresse, point le sol du tout et si nous n'allons pas à Naples je ne scai pas trop comment on fera.

Villardeau.

Milan, le 1ᵉʳ Frimaire, an VII.

Je continue, mon cher Molière, à vivre le plus tranquille et le plus indépendant des hommes. Le citoyen Amelot, qui succède à Haller avec le titre de commissaire du gouvernement, m'a continué dans mes fonctions et m'a donné une bonne commission qui me déclare fonctionnaire purement civil. Je suis sous la police de l'ambassadeur et ne tiens plus à l'armée.

La Cisalpine vient de donner 4.000.000 en numéraire et 8.000.000 de domaines nationaux pour son contingent de dépenses que nécessite l'accroissement des forces destinées à la commune défense des deux républiques en Italie ; tu vois que j'ai de la besogne pour passer l'hiver.....

Les lettres de change sont au 21 et 22 ; je ne changerai les tiennes que dans le cas où la guerre serait certaine ; elles seront au dix le vingt de ce mois et au pair et retirées vers le milieu de frimaire, pourvu que les Autrichiens se tiennent tranquilles.

Tous nos amis se portent bien et t'embrassent.

MICPOUD.

Milan, 4 Brumaire, an VII.

L'erreur de 536 fr. que j'avais vue, mon cher ami, dans ton compte de frimaire, n'existe réellement pas : je me suis trompé moi-même en faisant le relevé des feuilles.....

Quant à tes appointements, le citoyen Faveret demande le remboursement des 500 fr. que tu as passés dans tes frais de bureau de frimaire, pour payement de pareille somme par toi avancée sur de faux émargements faits sur le registre d'A...

Cette perte n'ayant pas eu lieu sous sa gestion, il ne doit pas faire le remboursement, qui ne concerne que St-Edme. Ecris donc pour cet objet à Monicault et mande-moi ce qui en aura été décidé.

MICHALLET.

Milan, 12 Brumaire, an VII.

... L'apathie dans laquelle je vis ici à mon ordinaire ne me fournira pas les détails que je te sais aimer.

Je ne t'entretiendrai plus des Petites, ayant changé de logement. La signora Franchi a aussi changé, et, ce que tu trouveras plaisant, elle a été remplacée par Michallet et sa famille : passe temps de moins pour moi, raison de plus de me livrer à l'ennui. Cependant l'illustrissime Henry est ici, nous logeons ensemble, ensemble nous nous livrons, trop sans doute, à cette ribotte que ta première lettre me conseillait. Au milieu de tout cela, la réquisition nous menace et trouble notre repos....

Affreuse nouvelle : M. Monicault vient d'être volé de 90.000 fr. de bijoux. Plaignez-le avec nous.

MURAT.

L'Expédition de Championnet

Milan, le 6 pluviôse an VII.

Depuis quelque temps, mon cher Molière, j'ay éprouvé bien des chagrins et des malheurs ; ainsi que le courrier du mois de brumaire on nous a volés à la maison, et on nous a emporté une malle où il y avait la valeur de 100 mille livres, tant en diamants qu'en argent. Vous sçavez que dans le temps mon cousin (Monicault) avait endossé des lettres de change que lui avait donné St-Edme pour le service, sur Torlonia de Rome, payable le 21 février. Nous sommes entrés à Rome en décembre et à l'échéance elles n'ont point été payées. Barbaroux les avait négociées à un pour cent par mois et mon cousin a été obligé de payer.

Au mois de décembre il fut à Gênes, et Haller, voulant le servir, lui délivra un lot de diamants pour les 60 mille livres de lettres de change et pour un bon du payeur que j'avais encore entre les mains de 26 mille livres, ce qui faisait un total de 34 mille livres. Eh bien mon ami, en moins de demi-heure on a enfoncé notre porte et emporté la malle qui renfermait les diamants. J'avais 3.000 livres dans cette maudite malle qui ont été perdues et nous n'avons rien pu découvrir : nous comptions être dans une maison bien..........

Ce n'est pas encore tous nos chagrins. Le 17 frimaire mon cousin partit pour se rendre à Turin avec le quartier général, et le 25 dudit mois on est venu à deux heures du matin avec la force armée me faire lever pour mettre les scellés sur les papiers de mon cousin, et l'ambassadeur Rivaud écrivit à Turin pour le faire arrêter. Il a été arrêté le 26 de frimaire et est resté à Turin jusqu'au 6 nivôse qu'on l'a conduit à la citadelle de Milan, où il **a resté** jusqu'au 1er du mois, et il n'a été mis en liberté qu'après avoir été interrogé et jugé par le conseil militaire et ce'a après cinq semaines ; tout ce'a d'après la dénonciation d'espion qui avait rendu compte au Ministre des relations extérieures de la Cisalpine que mon cousin ou moi avions expédié le 22 frimaire un courrier extraordinaire à Venise, portant les dépêches de l'ambassadeur de Sicile. Le dénonciateur a été regardé calomniateur, et voilà comment a fini l'affaire......

Notre poste a bien changé depuis lors, et il n'y a plus la même amitié qu'il y avait de notre temps. On tâche de s'attraper les uns les autres. C'est P.... qui est maintenant ici et qui a un **grand empire sur Faveret**, car il n'y a que lui qui lui fait faire ce qui veut et lui donne des conseils. Je me suis brouillé avec lui et il ne se conduit pas trop bien. Monicault ne vit point avec Faveret. Vous avez bien fait de quitter...

VILLARDEAU.

Milan, le 14 Pluviôse, an VII.

J'arrive, mon cher ami, d'un long et pénible voyage dans les départements du Reno et du Rubicone.......

Je me suis empressé de réaliser ton effet conformément à l'ordre que tu m'en as donné. Minuzzi a fait la négociation au cours de la place 19 et 1/2 ce qui réduit à 2407 ta lettre de change de 2990 fr. ci joint deux effets a ton ordre sur la maison Bonafou, Bourg, et Cie, de Lyon, jusqu'à concurrence des dits 2407 l. tournois.

Nos armes triomphantes sont à Naples. Les lazzaroni se sont battus comme des diables dans la ville même dont un quart a été réduit en cendres. Deux divisions de notre armée sont en marche pour renforcer celle de Championnet.

Tu auras été informé sans doute que le pauvre Monicault a beaucoup souffert d'une dénonciation ridicule. Il a été obligé de passer devant le conseil de guerre qui l'a déclaré innocent.

Joubert vient d'obtenir sa démission. Nous ignorons encore quel sera son successeur : il a pris pour prétexte sa santé ; les vrais motifs sont les dissentions qu'il a eu avec l'ambassadeur et le commissaire Amelot.

Nous attendons avec impatience le succès des négociations de Rastad, on parle ici d'une alliance avec la maison d'Autriche pour chasser le Turc d'Europe. La farce serait bonne !

Le pape, et surtout la ville de Venise sont bien mécontents de l'empereur (d'Autriche) si la guerre se réveillait, malheur aux Allemands qui y sont en garnison. Rien moins pour eux que les vêpres siciliennes.

Nos ressources sont abondantes dans cet instant. Lucques et la Toscane nous ont donné de l'argent, le Piémont des biens nationaux, la banque va bien.

MICHOUD.

La Retraite

Ceva, le 5 germinal, an VII.

Désiré Molière à son amy Molière Dufourg, à Lavoulte.

J'ay reçcu, mon cher, dans son temps l'extrait de Baptême que tu as bien voulu m'envoyer ; je l'ai de suite fait passer au chef d'administration ; depuis quelque temps on est très chagriné par les réquisitions ; il y a un commissaire civil du gouvernement de qui il faut avoir un permis de rester en Italie et si on n'est pas en règle, on est arrêté comme déserteur et puni comme tel.

J'ai envoyé à ce sujet une notte à Turin portant que j'avais 31 ans passés d'accord avec l'extrait de Baptême que tu m'as envoyé....

J'arrive de Milan et Turin où j'ai vu tant de mesures rigoureuses contre les jeunes gens quelconques !

Amic, caissier des articles, est arrêté comme soupçonné d'émigration, Guérin a passé à Livourne, et quatre autres employés sont dans les corps de cavalerie ; tout cela va je ne sçais comment. On ne paye pas les frais de bureau, ni presque les acomptes d'appointements....

Ceux qui t'ont remplacé se conduisent d'une manière révoltante... On ne trouve plus cette amitié qu'il y avait autrefois. Les richesses font oublier les amis, on ne trouve plus que des indifférents, égoïstes ; et voilà ces prétendues vertus Romaines ; un luxe insolent de la part des chefs qui sert beaucoup à faire inquiéter les employés en sous-ordre. On ne fait espérer de l'employ à l'armée en Allemagne.

Amitiés.

Désiré MOLIÈRE.

Nice, 15 Messidor, an VII.

L'on m'a assuré, mon cher Molière, que Louis Michoud était à Vienne (Isère), occupé à rendre ses comptes et se disposant à mettre à exécution ses projets d'agriculture....

Les positions de nos armées sont tellement changées et nous en sommes si éloignés, que leurs mouvements ne nous sont pas plus tôt connus qu'à vous....

Adieu donc nos amours de Milan, adieu l'Italie, si l'on n'y apporte un prompt remède.

Notre pauvre Criquet ne figurera plus au Cours de Milan. On a eu le talent de m'en priver depuis mon voyage à Lyon.

J'ai traversé la province à pied pendant qu'il filait devant moi et j'arrive à Nice pour apprendre qu'il est au quartier général. Il est bien difficile de se consoler de pareilles pertes. Mais qui n'a pas fait de sacrifices dans notre malheureuse retraite ?

MURAT.

Mort de Joubert
Brumaire - Gênes - Marengo

Vienne, le 26 Thermidor an VII.

Un petit voyage que je viens de faire dans la famille de mon père est cause, mon cher Molière, du retard que j'ai mis à répondre..... Je serais entièrement ruiné si, comme vainqueurs, ou par un bon traité de paix, je ne conservais l'espérance de poursuivre mes voleurs, ainsi que la municipalité d'Avigliano, en Piémont, qui s'est partagé mes dépouilles. J'ai des preuves telles que je les ferai pendre « in globo ».

MICHOUD.

Savone, 6 fructidor, an 7.

Si j'ai tardé à te répondre, c'est que je croyais, en attendant, te donner de bonnes nouvelles de l'armée. Tu vois le contraire. Nous avons reculé après avoir perdu le brave Joubert, général en chef. La fortune, je crois, nous abandonne, et il nous faut de plus grands moyens si nous voulons vaincre des ennemis qui ne craignent plus ni bayonnettes ni canon.

Nous sommes, pour les vivres, subsistances en tout genre, dans la plus cruelle position. C'est avec regret que je te donne ces fâcheuses nouvelles.

Nous voilà, mon cher, réduits à nos premières positions, doutant encore si nous pourrons nous y maintenir, vu la disette des subsistances.

Notre cavalerie se ruine, ainsi que nos chevaux de transport.

Au 1er jour, nous ferons encore quelque mouvement. Nous avons encore, par bonheur, le général Moreau, qui a voulu être témoin de la bataille décisive qu'a donné Joubert. Au lieu d'attaquer, nous l'avons été avant que d'être dans le cas. Nous sommes si mal servis par les espions, et d'un autre côté l'imprévoyance, le peu de cavalerie, artillerie ; tout a mal tourné.

C'est une affaire qui a été des plus chaudes, perte de généraux de part et d'autre. La chance a été bien incertaine, on s'est battu tout le jour avec acharnement, c'est-à-dire presque sans faire des prisonniers : tout tué ou blessé, voilà le résultat, et sans une colonne de troupes fraîches, arrivées à Alexandrie venant de Mantoue, d'environ 30 mille hommes, la victoire était à nous.

Le pauvre Joubert a été tué trois quarts d'heure après que la bataille a commencé ; il a chargé à la tête des grenadiers, sabre à la main ; il a été atteint de deux coups de feu. Il laisse les plus grands regrets, et les soldats disent avoir perdu leur père.

On porte son corps. je crois à Paris....

J'ai quelque 13 ou 14 louis à Nice dsponibles, je n'ose les hasarder, on dit la route infestée de brigands.....

On ne nous paye pas trop exactement. Voilà six mois qui me sont dûs comme directeur divisionnaire, ce qui fait un total de 1350 fr. à 225 fr. par mois.

Désiré MOLIÈRE.

Cairo, le 2e jour complémentaire an VII.

Molière, directeur à la division Lariboisière, à son cousin et ami Molière à Lavoulte.

Je t'ai fait un envoi, mon cher, de 316 livres de France... On ne paye point encore ce qui est dû ; je n'ai pu t'envoyer une plus forte somme. Il m'est dû au moins 1500 livres.

Nous sommes icy dans des montagnes où il n'y a que des barbets ; Championnet passe aujourdhuy à Savone pour aller à Gênes remplacer Moreau (devenu suspect). On nous fait espérer d'entrer encore au Piémont avant l'hiver.

La jonction de l'armée des Alpes avec celle d'Italie paraît s'effectuer. Des troupes sont à Mondovi, et nous autres près de Ceva. On a entendu hier le canon de ces côtés.

On chagrine beaucoup les jeunes gens, quel que soit leur grade, ancienneté, service : il y a un ordre du jour fulminant, on passe la revue des admnistrations : il faut porter l'uniforme, sous peine d'être traité comme embaucheur.

L'ennemi nous attend en plaine : pourvu que nous ayons beaucoup de cavalerie, nous nous mesurerons encore avec lui. La première bataille leur a coûté de leur aveu 8.000 hommes, 200 offiiciers, un général et un autre blessé outre 2000 prisonniers.

Désiré MOLIÈRE.

Villefranche-sur-Saône, 10 vendémiaire an VIII (octobre 1799).

La douce tranquillité dont je jouissais depuis quatre mois vient d'être interrompue, mon cher Molière : j'ai dû rentrer au service et payer de ma personne : je me trouve sous-lieutenant dans la 3e compagnie du 2e bataillon auxiliaire de ce département.

J'attends avec patience le résultat de la crise politique où nous nous trouvons.

Mon grade m'ouvrant la porte de l'Etat-major, j'ai cherché à m'y placer à l'ouverture de la campagne prochaine.

Ma bonne étoile me ramènera encore à l'armée d'Italie : nous devons dit-on, aller prendre nos quartiers d'hiver à St-Maximin, près de Brignolles, en Provence.

Adieu, je t'elmbrasse.

MICHOUD.

Division Laboissière, quartier général de Bosca, près Alexandrie.

11 Brumaire an 8.(3 nov. 1799)

Désiré Molière à son cousin Molière de Lavoulte

Tu vois que nous avons avancé dans la plaine du Piémont. Nous avons donné pour cela une petite bataille où nous avons fait à l'ennemi environ 800 prisonniers, tués ou blessés ; 4 à 500 hommes et 5 pièces de canon font les frais de la journée du 2 Brumaire.

Depuis ce temps-là nous sommes sans cesse en mouvement : l'ennemi aussi car Championnet doit le remuer du côté de Cony.

L'armée suisse toujours victorieuse fait faire des diversions très avantageuses.

Nous espérons passer l'hiver dans ces plaines : nous sommes forcés de nous y maintenir pour ne pas mourir de faim dans la rivière de Gênes.

Bonaparte nous donne les plus grandes espérances pour reconquérir l'Italie. On l'attend avec impatience. Alors notre armée méritera de la patrie comme celle d'Egipte, de Suisse et de Hollande.

J'ai écrit à Murat pour savoir si on t'a fait passer mon envoy de 316 livres.. j'ai la plus grande crainte comme il se trouve qu'un courrier a été assassiné près de Menton, et à qui on a pris les dépêches.

On ne parle pas plus de nous payer que si on ne nous devait rien. X. est parti pour Paris sans finir de me payer : il me doit 3 à 400 livres de rappel : j'ai crainte que pour l'avenir il en arrive autant. On mange aux divisions actives, par les marches forcées, les 75 livres d'acompte qu'on nous donne, et il n'y a plus que la misère pour le moment.

J'ai envoyé la notte à Valentin à Gênes pour qu'il la fasse payer par le commissaire le Noble : Valentin me l'a renvoyée ! Je l'adresse à Murat.

Pour le moment, je t'annonce une nouvelle bataille aux environs de Novi où nous avons gagné l'avantage, 7 pièces de canon sont tombées en notre pouvoir ainsi que beaucoup de prisonniers. Adieu.

Désiré MOLIÈRE.

Du même au même.

Savone, 20 frimaire an 8.

Tu recevras, cy inclus, cher ami, les deux reconnoissances par duplicata l'une de 316 livres. Je te prie de faire les réclamations nécessaires à Paris...

Tu trouveras aussi la note des 530 fr. que te doit le commissaire le Noble, qui est parti pour Paris sans donner le moindre acompte.

Désiré MOLIÈRE.

Nice, le 15 Nivôse an 8.

Je reçois mon cher ami, votre lettre du 26 du passé par laquelle vous me parlé de notre pauvre ami Dargagnon ; il faut que js sois venu ici pour le voir mourir, et c'est son départ de Turin qui en est cause, car pendant sa maladie, il n'a cessé de m'en parler.

Je suis bien de votre avis sur les nouveaux changements qui se sont opérés dans notre gouvernement (le coup d'Etat de Brumaire). Voilà maintenant Bonaparte qui joue un grand rôle, et je n'aurais jamais cru que son ambition pût venir jusque-là.

Il faut convenir qu'il a été bien heureux pour son retour en France.

Nous avons été mal à notre aise pendant un moment : la désertion s'était mise dans l'armée pour rentrer dans l'intérieur, et des brigades entières s'en allaient. Heureusement que ça a cessé, des convois de vivres étant arrivés.

Je changerais bien votre bonheur pour le mien d'habiter des pays chauds : il règne ici une maladie épidémique qui fait de grands ravages.

Michallet a fait suivant moi une fière sottise de quitter sa place de contrôleur qui lui rapportait 2400 fr. par mois pour une p'ace à Paris de 1800 fr. par an. Il est vrai qu'il a l'espoir d'une direction : mais qui sçait quand il l'aura !

Championnet est malade à Antibes. On le dit très frappé.

Vous savez que Coni est rendu depuis le 11 frimaire.

VILLARDEAU.

Savone, le 28 Nivôse an 8.

Tu auras sans doute reçu une lettre de moi te parlant d'une reconnaissance de la somme de 424 l. argent volé près de Nice. Je te prie de faire les réclamations à Paris.

Il nous vient des renforts et tout présage une con-

— 23 —

tinuation des hostilités. Nous sommes comme à la coutume, pas trop bien, mais patience.
Désiré MOLIÈRE.

Savone, 4 pluviôse an 8.
Masséna, général en chef, tient à Antibes son quartier général. On nous fait espérer des renforts, 40 mille hommes, mais ils n'arrivent pas souvent.

Nous sommes toujours très mal dans la rivière de Gênes : la maladie fait toujours des ravages à Nice par tous les environs : il en part beaucoup pour l'autre monde.

.. On nous a payé quelque chose de l'arriéré..

Notre général en chef Championnet est mort de l'épidémie. On dit que les Autrichiens évacuent le Piémont.
Désiré MOLIÈRE.

Savone, 15 pluviôse an 8.
Mon cher, je t'écris ces deux mots pour t'annoncer que je vais à Gênes m'informer si je pourrai découvrir les deux individus qui te doivent.

Au premier jour on va se mettre en campagne : Masséna a le nerf de la guerre ; quant à ce pays, il y a l'épidémie et on est très mal en tout. Dieu veuille que nous retournions encore en Italie !
Désiré MOLIÈRE.

Réponse
Lavoulte, 18 pluviôse an 8.
Je t'ai écrit, mon cher Désiré, pour t'accuser la réception des deux reconnaissances que tu m'avais envoyées : je te prévenais aussi que j'avais écrit à Paris pour réclamer les deux articles qui t'avaient été volés.

Aujourd'hui, je viens t'annoncer que j'ay reçu la

somme de 424 livres par l'administration des postes, pour le montant des deux reconnaissances.

Je remettrai encore cette somme à M. Chambon pourvu qu'il veuille s'en charger ; ainsi il sera ton débiteur de 824 livres dont il te payera l'intérêt à raison de 10 pour cent.

Je n'ai pas reçu ta montre.

Molière DUBOURG.

Paris, le 1er ventôse an 8.

Le Noble, commissaire des guerres, au citoyen Molière, ex directeur des Postes de l'armée d'Italie.

Je reçois une lettre que vous m'aviez adressé, citoyen, à l'armée d'Italie pour me réclamer une somme de 350 fr. montant de divers ports de lettres dont vous dites que j'ai été païé par le gouvernement.

Mes frais de bureau m'ont été païés pour les mois que vous m'indiquez, mais comme je n'ai jamais reçu que 5 à 6 mois après, je n'ai jamais pu tout solder, et il m'est encore dû 2.000 l. dont le quart vous appartient, et le reste est d'avances que j'ai faites...
J'espère être sous peu payé par l'ordonnateur.

Mon congé est fini. Je repars pour l'armée.

Le NOBLE.

Savone, 7 ventôse an 8.

On paye, mais avec de grandes retenues.. toujours la grande Misère : il y a 3 jours que nous sommes sans pain:

Désiré MOLIÈRE.

Nice, le 15 ventôse an VIII. (Mars 1800).

Il y a bien longtemps que nous ne nous sommes entretenus de notre extrême et inaltérable amitié, et de l'armée.

Pour nous, destinés à guerroyer éternellement, nous

allons, je crois, rentrer en campagne, malgré toute
l'ardeur de nos désirs pour la paix.

MURAT.

Nice, 11 germinal an 8 (2 avril 1800)

Je reçois, mon cher Molière, votre lettre du 1er m'annonçant l'arrvée du cousin à Valence : il doit être maintenant bien près d'y arriver s'il n'y est pas, surtout venant de perdre son père.

Vous ne pouvez vous faire une idée des ravages que la maladie épidémique fait ici : je ne sais comment je m'en suis garanti...

Nous sommes tous bien misérables à l'armée : vous ne pouvez vous en faire une idée.

VILLARDEAU.

Savone, 15 germinal an 8.

M. Monicault revient de Paris et dans ce moment, il doit être près de Valence. Parle lui pour moi.

Nous sommes toujours ici, sans moyens de vivre, et pas d'espoir d'entrer en Piémont où les vivres manquent aussi.

Désiré MOLIÈRE.

Aix, 18 prairial an 8.

.. Je vois encore mon voyage bien reculé, s'il a lieu. Voici de grands événements qui nous surviennent sur le Mein et dans l'Italie (1), il faut espérer que tout cela nous mènera à la paix que l'on désire depuis si longtemps, et après laquelle tout le monde soupire.

Notre armée tire ici à sa fin. Je crois que nous allons être fondus dans celle d'Italie.

---

(1) Victoires de Moreau en Allemagne et de Lannes à Montebello.

Que j'ambitionne votre bonheur, mon cher, qui est d'être chez vous tranquille à faire travailler votre campagne et éloigné des armées... Je m'abonnerais bien à manger du pain sec chez moi.

VILLARDEAU.

Nice, 3 messidor an 8, (neuf jours après la victoire de Marengo).

J'arrive du blocus de Gênes, mon cher ami, j'y ai mangé pour nourriture ainsi que bien d'autres, mon cheval, où j'ai perdu 6 louis. De suite, je m'empresse de t'écrire : J'ai vu hier A. ici, mais il n'a pas le sol. Valentin est à Gênes : Je pars pour Coni où je vais comme directeur à ce que je crois.

Tu sauras les changements d'Italie, à nous le Piémont, Milan, Pisiglihone, et Savone ; nous allons en avant...

Les prisonniers Autrichiens arrivent en foule.

Bonaparte a paru, et l'Italie est à nous !

Désiré MOLIÈRE.

Paris, 8 thermidor an VIII.

.. Après bien des courses, et des peines, me voilà un peu en repos ; mais j'ignore si cela durera. On parle d'une prolongation d'armistice ; puisse bientôt la paix nous procurer le doux plaisir de nous voir !

L'Italie n'a plus le charme de ton temps, et tout est consommé : Les horreurs de la guerre y sont tracées partout.

Désiré MOLIÈRE.

Milan, 4 fructidor an 8.

.. Nous possédons ici l'ex-contrôleur (de Monicault) qui est venu reprendre l'air de Milan. Michoud est en route. Cette ville n'est pas à beaucoup près la méme qu'il y a quatre ans : elle est assez triste,, et la suppression d'un tiers de nos appointements ne contribue pas à nous égayer. Dédommage moi un peu par ton aimable correspondance.

MURAT.

Crémone, 7 vendémiaire an 9 (30 septembre 1800)

L'expérience que j'acquiers tous les jours me prouve assez que sans argent on n'est rien. Je tâche en conséquence d'en ramasser le peu de temps que l'inconstante fortune me sourira ; mais j'ai bien peur que mon règne soit de courte durée. Je dois beaucoup à mon ami Urtin qui fait fonction de directeur général : il ne réunit, non plus que moi une fortune et sçait connaître les malheureux et les obliger, au lieu que les grands personnages, ayant aussi le grand mobile, ne s'imaginent même pas qu'il y ait des malheureux.

Je suis divinement logé, un palais de général en chef, une garde de 15 hommes, 12.000 fr. en caisse d'articles, bonne table, jolie servante, et qui plus est, des louis, mais je regarde mon bonheur comme imaginaire et j'ai crainte qu'il disparaisse tout à coup avec l'arrivée du chef suprême.

O fortune, puisses-tu durer longtemps !

Désiré MOLIÈRE.

Quartier général de Cassano 1er frimaire an 9 (Novembre 1800)

.. Ronillon, Urtin, Michal'et et bien d'autres ont quitté la partie... Vu qu'il n'y a rien à faire : tout est d'une cherté inconcevable.

Désiré MOLIÈRE.

Brescia, 21 frimaire an 9.

.. Tu as su sans doute les grands succès de l'armée du Rhin... Ici aussi il y a une superbe armée de 100 mille hommes à peu près, une cavalerie et artillerie magnifiques, et malgré la saison le militaire est bien décidé à forcer cet empereur à nous donner la paix.

On attend le général Murat, ils nous disent aussi Bonaparte.

Désiré MOLIÈRE.

Milan, le 10 ventôse an 9 (4 mars 1801)

J'apprends que tu te disposes à me gronder pour avoir laissé écouler plus d'une année sans te donner de mes nouvelles. Je crois cependant être encore à temps pour parer la botte.

Je vais reprendre mon histoire depuis ton départ de Milan.

La fortune m'avait souri après le départ d'Haller, et j'avais fait de très bonnes affaires sous les commissaires civils Amelot et Lamnoud, en jouant sur la hausse et sur la baisse des effets publics. J'en avais en portefeuille pour plus de cent cinquante mille livres, espèces de France, valeur effective, lorsque Schérer, après avoir été étrillé, céda à Moreau le commandement de l'armée : Je me figurai alors que les affaires se rétabliroient et ne songeai finalement à réaliser mon papier en écus que quand nous apprîmes que l'ennemi avait forcé le passage de l'Adda à Cassano, c'est-à-dire la veille de l'évacuation de Milan.

J'emportais d'Italie 72.000 livres en beaux et bons louis d'or, et le double à peu près en effets publics, lorsque messieurs les Piémontais eurent la complaisance de me détrousser à deux lieues de Nice, dans un mauvais village appelé Avigliano, de triste mémoire, de telle manière que je fis naufrage au port et rentrai en France tel que j'en étais sorti.

Arrivé chez moi, l'opinion publique me considéra comme un mylord ; les faiseurs d'affaires venaient me faire la cour, l'on me proposa de riches mariages : je fus plus honnête homme que bien d'autres ne l'eussent été à ma place ; je racontais nos malheurs du Piémont. Personne ne voulut y croire et l'on disait d'un ton ironique que la ruse était bien tramée et que de cette manière je mettais mes capitaux à couvert.

On parlait de taxer les riches, et j'allais être infailliblement compris dans ce nombre, lorsque ayant réuni toutes mes forces et mon courage, je pris le parti de devenir derechef militaire en attendand des circonstances plus heureuses.

On formait dans tous les départements des bataillons auxiliaires : je me rendis à Lyon où je pris place dans celui du Rhône, d'abord comme sous-lieutenant, puis comme lieutenant. Quelque temps après, je devins aide de camp d'un général de cavalerie.

Lorsque je vis l'armée de réserve disposée à ouvrir sa campagne du côté de l'Italie, je résolus d'être de la partie : mon général y consentit : je rejoignis le quartier général et fus placé comme aide de camp du général Vignolle que j'avais beaucoup connu dans le temps qu'il occupait le ministère de la guerre de la république cisalpine.

Nous nous battîmes comme des démons dans le petit défilé de la vallée d'Aoste, à son débouché par Ivrée et au passage du Tessin. Nous fûmes destinés à faire le siège du château de Milan, et je commandais les troupes du blocus, lorsque le traité d'Alexandrie vint suspendre l'effusion du sang humain.

Voilà bien déjà quelques aventures. n'est-il pas vrai ? — Tu t'imagines bien que dans tout cela je vise à reprendre ma place et que ce n'est pas signe de maladresse d'y avoir réussi. Il est vrai que nos amis m'ont aidé et que Morin, qui se trouvait secrétaire de Masséna força un peu la main au ministre Piétri, qui était terriblement prévenu contre tout ce qui avait été employé à la précédente administration des finances d'Italie. Il s'humanisa tout doucement, apprit à me connaitre, et finit par m'être tout à fait attaché, et ne fait rien en fait de domaines nationaux sans m'avoir consulté au préalable.

Brune, que je vois comme en l'an 6, m'a accueilli avec bonté, m'a autorisé à remplir une place sans perdre mon grade militaire, qu'il est toujours bon de conserver, et me voilà réellement tenant la plume d'une main et l'épée de l'autre.

Ma place n'a rien signifié jusqu'à présent : On attend de Paris la confirmation d'un arrêté du général en chef qui peut devenir très conséquent pour moi, puisqu'il s'agit de faire payer en domaines nationaux toutes les dettes de la campagne dernière. Dans ce cas je serai moins imbécile que je ne l'ai été par le passé.

Amitiés

MICHOUD

Milan, le 30 Nivôse an 9 (8 janvier 1801)

Vous aurez sans doute scu, mon cher Molière, que votre Cousin a été fait prisonnier devant Vérone. Il a perdu tous ses effets et a été mis à nu. Sa perte s'élève à 1.100 livres. Je crains bien que dans un moment de misère comme celui où nous sommes il ne puisse être indemnisé de sa perte...

Vous savez, sans doute que nous avons une armistice. Nous avons Ferrare, l'Issonzo et Peschiera, et les Autrichiens conservent Venise et Mantoue. Aussi les Italiens ne sont-ils pas contents de cela.

VILLARDEAU.

Peschiera, 23 ventôse an 9 (17 mars 1801)

Je viens d'apprendre, mon cher, que le commissaire le Noble est parti pour Florence : mais Mollier, à force de l'avoir tourmenté à Milan, est parvenu, à ce qu'il m'écrit, à se faire faire une lettre de change payable dans trois mois : je t'assure que c'est un mauvais payeur et presque de mauvaise foy : il a fallu le menacer du commissaire général, du général en chef, etc.

Je suis ici sur un lac où il y a beaucoup de poisson, et j'en fais passer à M. Monicault.

Notre armée ainsi que celles des grisons défile vers la France. Je ne sais encore si la paix me donnera la pelle au c. Je voudrais bien conserver ma place, car me voilà encore à 225 fr. par mois.

Désiré MOLIÈRE.

Crémone, 9 Messidor an 9.

Mon bureau, mon cher ami, vient d'être supprimé et je suis employé ici au bureau du quartier général avec Urtin qui est le directeur : c'est une grande perte que j'ai faite, n'ayant plus que 150 fr. par mois, tandis que mon bureau me valait au moins 300.

Fais moi part des intentions de M. Monicault à ce sujet.

Pour l'affaire Le Noble, nous attendons tous les jours ; il a donné sa parole qu'il payerait, mais comme il est allé dans la Pouil'e...

Désiré MOLIÈRE.

Crémone, 7 fructidor an 9.

Tu sauras, mon cher, que pour mon malheur les postes militaires viennent d'être supprimés. Je me trouve encore une fois sans place. Nous sommes tous congédiés le 20 du courant. Le service va être fait par les cisalpins. M. Monicault s'intéresse toujours à moi. C'est un homme généralement regretté de tous ses employés, et qui n'emportera pas, comme d'autres chefs, le mépris qu'on doit avoir pour ceux qui se sont mal conduits.

Ton affaire Le Noble n'est pas finie : Il paraît qu'il veut faire de sa dette une dette d'Etat.

Désiré MOLIÈRE.

Crémone, 15 fructidor an 9. (3 septembre 1801).

Je t'avais écrit, la dernière fois, qu'il y avait peu d'espoir au payement Le Noble. Hé bien il a payé.. J'avais chargé M. de poursuivre la rentrée de ces fonds qu'il a obtenus difficilement et par des moyens très-fins. Je lui promis un tiers de la somme s'il réussissait..

Ici s'arrête cette correspondance, fidèle image de la société agitée, besogneuse, tour à tour enthousiaste et découragée dont elle fait connaître un coin.

Il serait facile d'en tirer une et même plusieurs morales.

Nous laissons ce soin à nos lecteurs, en leur demandant pardon d'avoir parfois laissé le mot cru, par respect pour un texte plus que centenaire.

L. B.

Valence. — Imprimerie J. GALLAND.

www.ingramcontent.com/pod-product-compliance
Lightning Source LLC
Chambersburg PA
CBHW060504050426
42451CB00009B/817